Mera Haseen Safar

Rahul D K

BookLeaf Publishing

India | USA | UK

Yeh zindagi ke liye jo har waqt mujhe behtar banaa rahi hai.

Acknowledgement

Yeh zindagi ke naam. Jo har padav par mujhe sikhati rahi. Har mushkil samay main mujhe jeena sikhaya. Shukriya un logo ka jinhone mujhe ek behtar insan banaya.

Preface

Mera Haseen Safar. Kuchh waqt ke liye chala gaya tha main apne safar par. apne sath samay bitane. Tha mann main kuchh sawal jisko dhoondh raha tha main. Bahut kuchh sikha is safar par. Mile mujhe naye dost, badla hai zindagi ko dekhne ka nazariya. Mere dil ki baatt, jo kisi ko na keh paya, koshish ki hai kagaz par utaarane ki Mera Hassen Safar.

Pehla kadam

Chal pada hoon apne shahar se dekhne
duniya ke nazaare,
Door hona chaahata hoon apne kaam se,
Dhoondh raha tha kya apane shahar kee
duniya main
Pata nahin kya chaahata hoon apni duniya se.

Pata hai mujhe kee paisa hee nahin hai sab
kuchh
Par dikhaana hai mujhe is duniya ko,
Uth jaata hoon main jab subah,
Shahar kee zindagi main ghul jata hoon main
jab subah.

Chhota tha jab maa subah utha deti thi,
ab mujhe zimmedari uthaati hai.

Rehta hun main akela is bheed main
Khojta hun ek chehra
jo dikhta hai mere jaisa
is bheed main.

Dikha rahe hain sabhi apne apne kamai se liya
hua kuchh na kuchh,
Aur main chhupa raha hun apni khushiya sab
kuchh,
Hai sab mere pass par pata nahin kya dhoond
raha hun main,
Intezar hai mujhe us din ka
Jab milega jo dhoond raha tha main.

Aaya khayal mere mann main jaaun kya is
Safar par?
Bahut sawal the mere mann main,
Karta hun main apne aap ko ek sawal kya jana
chahie mujhe is safar main?

mil jata hai mujhe jawab,
Pata nahi kab waqt ruk jaaye
Tumhari khwahish adhuri rah jaaye.

Chale phir mere safar main
Kuchh khushi, kuchh gam, kuchh pyar dekhne
kya milega mujhe is safar main?

Chala main

Chhodkar apni pareshani ko
Chala main apni zindagi ko jeene,
Mil jaega kuchh waqt bitane apne sath
Kuchh naya khoj lunga apne main.

Chala hun main pura khali dimag se
Pata nahin aage kya hai mere safar main,
Jeeunga har samay ko aisa
Jaise nahi milega mujhe phir se.

Chala main apne safar main
Samete hue har chij jo lagega is safar main,
Ud raha hun main is badal main
Chala main apne safar main.

Baitha hoon khidki ke pass
Dekhta hua badal ko,
Hai usmain bhi bahut sari baten.

Baitho kabhi akele dekhte hue badal ko,
Main banna chahta hoon tere jaise
Jo chal raha hai apne khud ki marzi se
Main banna chahta hoon tere jaise.

Farak nahi padta use
kaun dekh raha hai
Woh bas apne main hi jee raha hai.

Banna chahta hun main badal jaisa
Jo hai har safar main sath jaisa.

Dekho mujhe kabhi waqt nikalkar
Kar raha hun kuchh baten tumse,
Dekhunga sab jagah se tujhe
Chalunga tere sath har jagah.

Main hun idhar dekho toh sahi
Waqt nikal kar dekho toh sahi.

Pahunch gaya hun main apni manzil par
Pata nahin kya hoga agale safar par.

Naya ehsaas

Mile mujhe anjan log,
Shayad dikhegi mujhe alag soch,
Laga kuchh waqt ghulne main,
Mil gaya tha main unmen.

Bane mere dost aise
Nahi lage mujhe anjan log jaise.

Aaye sabhi log bhagate hue is duniya se
Rukna chahte the waqt jaise.

Tha sawal sabke mann main
Kya hoga is safar main.

Hue itne kareeb ek dusre se
Mile mere purane dost jaise.

Aaye the koi dhundhne khud ko,
Aur koi dhundhne apne prashnon ke uttar ko,
Aur koi aaya tha pahli bar duniya dekhne,
Aaye the sabhi log dhundhne kud ko,
Hua safar shuru dekhte hue pahad ko,
Har mod par alag ehsaas ko.

Doob gaya tha main vadiyon main
Sukoon tha use dekhne main.

Dekha aankhon ne khubsurat sa nazara
Nahi sambhal raha tha aankhon main aansu,
Dekh kar usne bhi kah diya
Behene de aankhon se aansu.

Chakkar aa raha tha sabko pahad ke raaste se
Ho rahe the kabhi idhar aur kabhi udhar
Kuchh nahin dikh raha tha sabko.

Bhaiya gadi chala rahe aise
Lag raha tha aakhri din jaise.

Halka mann

Hue ikatthe sabhi sitaron ke niche
Baithe sabhi aag ke pass,
Thandi hawa aur aag ki chatke
Baithe sabhi aag ko dekh ke.

Chalu hui mazaak masti,
Bata rahe the purane din ki ki hui masti,
Has rahe the sabhi khulkar.

Sab bhul gaye the waqt kya hua
Magan the sunaane mein unke sath kya hua.

Hua aisa waqt jab sabhi kholne lage the apne
raaz
Bata rahe the kya hua unke sath,
Pata tha unko ki nahi hogi mulakat phir se
Nahin bataenge yeh raaz kisi ko.

Hau halka sabka mann
Jo daba ke rakha tha mann.

Tha abhi bhi ek raaz mann ke bhitar
Jo na nikala kabhi bahar,
Tha ek raaz jo rakhna chahte the apne pass
Jo jaega unke sath.

Bolkar apne dil ki baat
Hua mere mann halka,
Mile mujhe dost
Jiske samne ho gaya mera mann
halka.

Chhupa ke rakhta hai badal
Barish ke pani ko
Pata nahi lagne deta kisi ko,
Hun main badal ki tarah
Jo chhupa ke rakhta hai baten unki tarah.

Bahut samay bad halka lag raha tha mera
mann
Jaise utar gaya ho bojh mere mann se,
Sukoon ki saans le raha tha main aaram se,
Pura sharir urja se daud raha tha jaise.

Bahut din bad soya tha chhote bacche jaise
Nahi hai kuchh mere pass khone jaisa,
Gehri nind main tha,
Bahut samay beet gaye tha,
Aur lag raha tha abhi toh soya tha main.

Pahad ki khubsurti

Dekhta hun jab kudrat ke nazaaron ko
Ho jata hun main shant,
Hai uska alag ehsaas
Jo karta hai mujhe shant.

Hai pahadon main kuch alag awaaz
Lagti hai kano main dhun jaise,
Deti hai sabko aasra maa jaise
Isliye lagta hai sukun jaisa.

Pahadon main bahta hua pani
Bujhti hai har ek ki pyas,
Hai uska alag shor
Bulati pyase ko uski aur.

Raat ki pahadon ki hawa
Aankh band karke mahsus karte hue,
Lagta hai jaise ki li ho pahli bar saas
Mann bhar jata hai pura
Jab leta hun pahad ki khuli hawa.

Panchi udta hua badal main
Mila ho jaisa pura maidan,
Nahi hai koi rokne use
Nikal kar uska pankh azadi jaise.

Kale badal mein chamakte hue tare
Karti hai mujhko ishare
Sunke meri prem ki kahani poochh rahi thi
Kaun thi woh deewani.

Mann karta hai bus jaaun hamesha ke liye
idhar
Chhod dunga puri sukh suvidha ko,
Bus rahna chahta hun main tere sath,
Roj subah uthkar dekhna chahta hun suraj ko.

Sunna chahta hun pakshiyon ki awaaz ko,
Akela rah kar bhi lage mujhe
Apnon ka saath ho.

Nahi lagta akela is pahad main
Lagta hai sukoon
Mann nahin bharta usko dekhte hue
Lagta hai sukoon.

Jana hoga

Aaya tha voh waqt jab sabko jana tha,
Par nahi ho raha tha mann manzur,
The sabke alag raaste
Jana tha apne raaste.

Jo kuchh din beete sath main
Anjan log se lekar, apne log ke safar tak
Tha ek khubsurat sa safar.

Yaad aa raha tha woh khubsurat sa pal
Jo jiya tha sath main,
woh raat bar sabhi naachte hue,
woh suraj ko dubte hue dekhna,
woh ek dusre ka mazaak udana,
woh subah sabko uthana,
woh ehsaas jo pahad chadhne ke baad hota hai,
woh upar se pani main kudna,
Yaad aa rahe the woh sab paal.

Hai sab ki zindagi main kuchh achcha aur
kuchh bura waqt,
Beet jaega har waqt,
Rona sikhati hai jeena,
Aur khushiyan sikhati hai is pal main jeena.

Aage ke safar main milenge tumhen bahut log
Badlo mat kisi aur ke liye,
Jiyo zindagi tumhare hisab se,
Jeeni hai tumhe zindagi apne hisab se.

Aaya woh samay karne alvida sabko,
Dikh rahi thi udaasi unki aankhon main,
Lag raha tha ruk jaaye sabhi kuchh aur samay
takk
Bitaun sath kuchh aur samay takk.

Gayab ho rahe the ek ek meri aankhon ke
samne se
Lag raha tha jaise
Chhin li khushiya mere se.

Mushkil hai kisi se dur jana
Shayad yahi hai zindagi main badh jana.

Tha mera aur chhota sa safar baki
Nikal gaya tha main
Apne agale safar par.

Akela

Hun main akela sabke sath rehkar bhi,
Rehta hun bheed main par hun akela,
Jab hota hun shamil sab ke sath
Par ho jata hun main akela.

Pasand hai mujhe rehnaa apne sath
Sukoon milta hai mujhe apne sath,
Dukh, dard rakhta hun apne sath,
Sehlata hun apne mann ko
Rehta hun apne sath.

Savarta hun main khud ko
Hasta hun akela,
Rota bhi akela,
Zindagi ka kuch khubsurat waqt bitaya hun
akela.

Beet gaya hai kafi samay
Zindagi ke akelepan se
Shayad na jeena pade hamesha ke liye
Akelepan mein.

Zindagi ne sikhaya kuch kadva sach
Jab rehta hun main akela,
Aate hai kuch sawal mann main
Kaun hun main?
Kya chahta hai tu?
Kya khush hai tu?
Kya milne se pura ho jaaoge tu?
Hai andar bahut sari baaten
zuban per nahin nikalti baaten.

Nahi bol pata hun kya chal raha hai,
Nahi jod pata hun main woh shabd,
Nahi mahsus kar pata hun har kisi ko,
Sunne wale kam aur salah dene wale zyada,
Isliye nahi bol pata hun kisi ko.

Nahi keh saka

Udati hui patang aasman main
Aur dor hai mere hath main,
Chah raha tha jaye meri patang sabse dur
Par kat gayi thi patang ki dor,
Dekh raha hun main apni patang ko
Udata hua aasman main khud se,
Dekh kar bhi nahi pakad paya usse,
Jaegi woh kisi ke pass
Ho gayi hai woh abh kisi aur ki,
Nahi hoga abh tu mera,
Abh hai sirf dor mere hathon main
Launga patang phir se
udaunga main phir se.

Dekh raha tha main ek maa ko
Samjha rahi thi apne masoom se bacche ko,
Jo hamesha khelna chahta tha,
Maa kah rahi thi padh likh kar ban ja bada sa
Aur khada tha woh sar jhuka kar
Aur aankhon main pani,
Kaun bataega unko nahi hai sabhi ek jaise.

Yaad hai mujhe ek kissa,
Tha hansta hua ek masoom sa ladka,
Jo padhaai ke alava karna chahta tha sab
kuchh
Par fas gaya tha usmain.

Aayi thi ek lahar padh likhkar banna bada
aadami,
Fas gaya tha maidan main
Jahan har alag bacche ko dauda rahe hote ek
race main,
Fas gaya tha woh usmain itna ki
dhundh hi nahi paya kya pasand hai use,
Kabhi maar kar sikha ja raha tha usko,
Kabhi andhere main band karke,
Kabhi sabke samne uska mazaak bana kar,
Nahi keh saka woh kisi se

Nahi daudna chahta tha race main
Par laga raha ismain.

Chand bhi akela
main bhi akela
katna hai zindagi ka safar akela..

Bojh

Saja raha hun apni muskan ko har roz
Jeeta hun is duniya main har roz,
Nahi pata lagne deta kisi ko
Jo chal rahi hai jung meri aur,
Kya bataun main unko ki
Dukh main sikh gaya hoon hansna.

Bolate hain ki dukh bantane se kam hota hai
Par sikhate nahi kaise,
Nahi hota hai har hasta hua shakhs
Zindagi main khush,
Sikh gaya hai saja na
Apni muskan ko.

Zimmedari mere kandhon par bataun sari
Dikha bhi nahi sakta aur,
Bata bhi nahi sakta,
Sikh raha hun uthane zimmedari
Badh rahi hain har roz ek nayi zimmedari.

Raftaar ki duniya main
Dheere chal raha hun main,
Shauk tha zamane bhar ka
bacha hai dard abhi zamane bhar ka,
Mehngai ke zamane main
Sasta chahta hun main,
Khane main nahi dhundhta swad abhi
Pet bhar jaaye vahi buss abhi.

Zarurat karvati hai woh
Har ek kaam,
Pata nahi lagne deti
Kab hua subah kab sham.

Andhere mein akele chalne se nahi lagta hai
dar
Roshni se zyada andhere mein lagta hai mann
Yun hi kiya hai kaale rang ko badnaam

Nahi samajh paaye woh kaale rang ki
Meherban.

Batao koi kya hoti hai yah zimmedari?
Kar raha hun dusro ko khush karne ke liye,
Zimmedari rahegi aakhri tak,
Thak gaya hun main zimmedari se,
Sapnon ko kuchalkar zimmedari se,
Chala jaunga main zimmedari se.

Kora kagaz aur kalam

Kora kagaz aur haath main kalam
Likh raha hun apne dil ki baat,
Kabhi faad deta hun kagaz ko
Kabhi mita deta hun likha hua kagaz par.

Kagaz par likha hui apni dil ki har baat
Mahsus karva sakti hai sabko,
Gira hua aankh se aansu kagaz par,
Jab bhi dekhun kagaz ko kholkar
Yaad aate hai woh aansu
Jab dekhta hun likha hua kagaz par.

Mann karta hai jab dekhta hun us kore kagaz
ko
Bhar do ismain baaton ko,
Dil, haath, kalam aur kagaz
Kya mila hai ismain?
Shabd hai dil ke,
Haath taiyar hai likhane
Kalam daudti hui jaise ki chhut na jaaye koi
baat
Kagaz hai taiyar samne
Likh apne dil ki baat.

Karta hun main
Pyar ka izahaar kagaz par,
Dil ki baat kagaz par,
Mahsus kar raha hai woh,
Meri har likhi hui baat par,
Karta hun main pyar ka izahaar kagaz par.

Koi likhta hai apne gam ko,
Koi apni khushi ko,
Koi dil ki baat ko,
Aur koi likhta hua pahil baar apne pyar ko.

Kora kagaz aur kalam
Har samay
Har kadam
Jab bhi bhar jati hai dil main baat
Uthata hun apna
Kora kagaz aur kalam.

kaash

'Kaash' kitna saral sa shabd hai,
Par yeh ek sawaal kitna bhaari padta hai,
Zindagi ke har kathin samay par
Yeh sawaal aata hai
Beet jata hai woh waqt
Baad main yeh sawaal aata hai
Kaash?

Ki hai bahut sari galti,
Chubhti hai abhi tak,
Tute hue shishe ko
Agar theek karoge tum
Jod nahi mita sakte tum.

Agar zindagi main kuchh karna ho toh karo
Agar bolna hai kisi ko bolo
Kya hoga zyada se zyada
Kam se kam kaash ka sawaal nahi aaega.

Kaash main kahta usko mere dil ki baat
Abh hoti mere saath,
Kaash aisa hota agar
Usi waqt main chala jaaun,
Bataaoon apne dil ki baat
Bina is duniya se dare,
Na uthta woh kaash ka sawaal,
Hoti woh meri abhi
Woh muskurahat ka karan
Kaash main kehta usko.

Kab sunega apne dil ki baat
Kab band karega sochana duniya ki baat
Kab tak rokoge apne dil ki baat.

Agar tumko pata hai tum kya rahe ho,
Mat karo apni kabiliyat par sawaal,
Haarna manzoor hai mujhe
Par kaash ka sawaal nahi.

Kaash bolata usko,
Kaash sun leta uski,
Kaash nahi karta woh,
Kaash ruk jata uske sath,
Bahut saare sawaal
Kaash.........................?

Khilega

Khilega ek din tu aise
Dekhenge tera khila hua phool,
Lagega shayad kuchh samay,
Mazboot bana apni jad,
Pakad kaske mitti ko,
Khilega phool ek din aise
Khushbu phaila sab main aise.

Aayega tufan tujhe girane
Teri himmat ko bhigone,
Ho ja tu taiyar ladane
Khada rahe datkar uske samne.

Ban tu phool ki tarah
Khilna uski tarah,

Hai uska alag rang,
Rahta hai sabke sang,
Hai usmain bhi kaante,
Pakado use nazuk se.

Udati hui titli aa gayi
Tumhen dhundhte,
Dur se dikh gaya usko tera alag rang,
Aa jaaye woh tere sang,
Jab dono sath aate ho
Ruk jata hai tumhen dekhne mera mann.

Tod dega tujhe koi,
Dega apne pyar ko,
Hoga tu karan pyar milane walon ko.

Rakhega koi tujhe
Kitab ke andar
Koi pyar ki nishani samajh kar.

Rehta hai tu har mausam main
Par khilega tu tere samay main.

Barish ki boond, phoolon par
Jaise do premi mile phool par.

Khilega tu phir se
Usi josh se
Dikhega tu phir se.

Ahankar

Ahankar kis baat ka hai tujhe
Kya waqt ke aage chal raha hai tu,
Sabko nicha dikhakar,
Kuch waqt main tootega tu.

Khubsurti ka ghamand khel raha hai abhi,
Chehre par,
Dikhega kuch samay tak,
Udd jayega rang ek din aisa
Utar jayega ghamand khubsurti ka.

Rahenge sab log tere sath
Jab tak hai tere pass paisa,
Kahenge koi nahi apne bhai jaisa,
Denge tujhe sammaan,
Rahenge sab sath tere

Jab tak kar raha hai kharcha,
Denge tujhe sath jab tak hai paisa.

Dekho sabko ek samaan
Jaise dikha bhagwan,
Mat dikhao kisi ko nicha
Rakho apne dil ko sacha.

Muskurate milna sabse
Kya pata aadami na rahe
Agale pal se.

Yaad karenge log tujhe
Teri insaniyat ki wajah se,
Baat karega zamana,
teri achhai ki wajah se.
Yaad rahega unko hamesha.

Kaante phenk diye jaate hai
Phool ko rakh diya jata hai
Tum kya chahte ho
Tujhe kaise yaad kiya jaaye.

Apne raaste

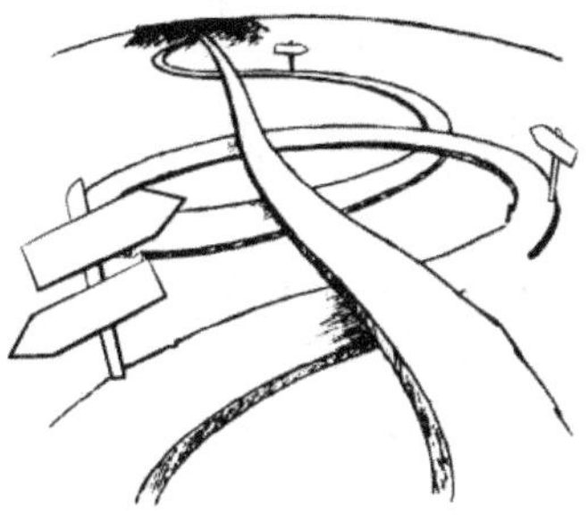

Ishq hai par nahin jata paya
kar raha hun main salon se tera intezar
Taras gaya hun main tere pyar ko
Shayad kah pata mein use sham ko.

Chala gaya woh apne raaste,
Chhodkar tujhe bich raaste,
Tod kar tumhara dil,
Nahi dekhega mudkar woh phir.

Sambhalna padega khud ko,
Apne toote dil ko,
Mushkil lagega woh samay,
Sambhalna padega khud ko.

Yaad aaega woh haseen pal,
Jo jiya tha sath main,
Khai thi kitni kasmein pyar ki,
Nibhaenge pyar se.

 Hogi kuchh wajah bichhadne ki,
Mil gaya hoga tumse koi achha
Bhul gaya woh haseen pal,
jo jiya tha saath main
Ab lag raha hai,
Har ek pal jo jiya tha,
Ho ek sirf, ek sapna tha.

Ek badh jata hai woh sab bhul kar,
Ek ruk jata hai uski yadon main,
Ek ke chehre par hasi,
Ek ke chehre par aansu,
Badho aage ye soch kar,
Tha ek woh chhota sa safar.

Pyar ka arth badal raha hai.
Kamyabi ke saude par pyar mil raha hai,
Sache pyar ki nahi hai kadar,
Aur is zamaane mein saccha pyar dhoondh
raha hoon main.

Tha uska sath vahin tak,
Nikalna hai tujhe agale safar par,
Shayad koi kar raha hai tumhara intezaar,
Karne tumhe beintehaan pyaar.

Pehla pyaar

Pehla pyaar, pehla ehsaas,
Yaad hai sabko woh bachpan ka pyar,
Jaldi jakar baith jana,
Intezar karta hua uska,
Dikhti woh aate hue,
Mere dil ki dhadkan badhate hue,
Aur woh mera muskurate hue naam lena,
Aur main pighal jana.

Pahli bar tujhe dekhte hi dil ho gaya bekabu
Hai tumhari muskan mein kuchh jadu
Lag raha tha kisi ne kar liya hai mere man ko
kabu
Tujhe dekh kar ho jata hun main bekabu
Sapnon ki duniya mein meri humsafar hai tu
Har safar per mann ka sukoon hai tu.

Woh sirf tumse pyar se baat karti,
Uska tiffin tumhe deti,
Woh achanak se donon ki aankh takrana
Aur muskurana.

Acche se taiyar hokar jana,
School ko sirf uske liye,
Bacha kar paisa usko deta chocolate main,
uski muskurahat ke liye.

Dost usko dekhkar tumhe chidhana,
Woh bhi sunkar chup ho jaati,
Har ladai main sath deti,
Aur madad karti padhaai main.

Jab school nahi aati woh,
Mud kar dekhta hua uski khali kursi ko,
Kyon nahi aayi soch kar,
Pura din chala jata,
Rooth jaati kisi baat par,
Tum lage padte manane use,
Nahi dekhti tumhe
Chupa leti chehra
yeh pura din chalta
aakhir main maan jaati.

Kar chuka hoon main har ek koshish
tujhe apna banane ki,
ab sirf duaaon mein maang sakta hoon
tumhe.

Nahi hai mujh mein itni himmat ki use keh
doon,
Purnima ke chaand ki tarah khilti hai tu
Nahi kar sakta bayan main, kitni khubsurat
hai tu
Tujhe dekh kar chahre par muskurahat aa
jaati hai
jaise purnima ka chaand hai tu.

Tujhe paane sabhi khade hai katar mein
Chahte hain tumhen har hal mein
Khada hun main dur, bheed se alag
nazre ghuma khada hun main is taraf
lagta hai kabhi keh du apne dil ki baat
kya banna chahogi kale badal mein Meri
Chand.

Tu nahi hai mere sath
Dur rahakar bhi hai tu mere paas.

Sabko yaad hai apna pehla pyar,
Aati hai chehre par badi muskan,
Dikh jaaye kahi woh ek baar,
Dil ko tasalli dedo ek baar.

Main

Padhne lage ho tum mujhe,
Khali panne sa hun main,
Puchne se bhi nahi bataunga tumhen,
Nahi jaanta hoon main tumhen,
Kyon bataun main tumhen,
Agar sach main janna chahte ho mujhe,
Toh rakh dunga puri kitab tumhare samne.

Hu main koi pathar sa, shant sa,
Har zakham ko sah leta hun main pathar sa.

Hun main ek saral sa,
Aur uthaate hai mere fayda hamesha,
Pata hai mujhe unka agla kadam,
Par sochta hun main hamesha
Mere se pahle unki khushiyon ka.

Khamoshi se jeeta hun main
Baaton ki ahmiyat samajhta hun main
shor ke is zamane mein khamoshi sa rehta
hun main...

Pad kar ek akshar,
Kahate hain jaanta hun main tumhen,
Mann main haskar kahta hun,
Saalo lag jayenge samajhne mujhe.

Chal rahi thi sadak par pari jaisi
Pehan ke peeli kurti lag rahi thi, suraj ki kirno
jaisi
Lehra rahi thi apne khule baal, khule aasman
mein
Hawa bhi khel rahi thi uske baalon mein
Takraye aankhen kuch shan ke liye,
jaise doob gaye the dono samundar ki
gehraiyon mein.

Berang si meri zindagi main rang bhar kar
gayi tu
Sukhe hue phool ko phir se zindagi dekar gayi
tu
Sunsan safar par apna ban kar gayi tu

Tute hue shakhs ko sahara dekar gayi tu
Berang si meri duniya main rang bharne aayi
tu.

Teri aankhon ka kajal kar deta hai dil ko
ghayal,
Samundar ki gehraai jitni tera aankhon ka
kajal,
Teri payal pairon par lipti hui kar rahi hai
jaise saath janmon se tujh hi se pyar,
Teri payal ki awaaz jaise subah ki koyel ki
meethi awaaz,
Teri bindi lagti hai tere chehre par char
chand,
Tujhe dekh kar lagta hai ki kar doon apni
saari khushiyan tumhare naam,
Tere kaanon ki jhumki jaise mehalon ki
jhoomar,
Khelti hui jhumki tere kaanon par.

Jab aana lagta hai mujhe koi pasand,
Chala jata hai woh apne safar par,
Jisse khul kar bol pata tha woh har ek baat,
Bichhad jata hain mere sath,
Rah jata hun main akela,

Jaise chhod diya ho kisi ne hath mere,
Kahate hain rahenge sath hamesha,
Kuchh samay bad bhul jaenge tumhen
hamesha.

Batata hun main chand ko,
Voh har ek baat ,
Sunta hai woh bhi shant,
Chamakta hai raat main jaise,
Kahana chahta ho,
Rahunga sath main dost jaise.

Thahrav

Kabhi kabhi jeevan main
Thahrav bahut zaruri hai ,
Piche mudkar dekhna bhi zaruri hai ,
Kuchh mila , kuchh khoya
Dekho kahan se ,kaha tak aa gaye ho tum.

Bola tha mujhe nahi hoga isase kuchh ,
Nahi kar payega zindagi main yeh kuchh ,
Dekho kahan tak aa gaye ho tum ,
Chup ho gaye mujhe dekh kar woh sab
Sochte hai kaise kar liya isane ye sab.

Dekho ?
beet gaya hai woh mushkil samay ,

Jo lag raha tha antim samay ,
Beet gaye woh din
Nahi mana har tum use din.

Thehro ?
 mat bhago itna ,
Nahi dikhana kisi ko jeet kar ,
Dekho apne aaspaas ,
Jiyo kuchh samay apne sath ,
Kabhi to dusre ko jeetne do ,
Kya karoge jeet kar hamesha.

Daudate , Daudte yeh na ho jaaye ki ,
Tum piche rah gaye ,
Jab tak pata chale tumko ki ,
kho gaye ho tum ,
tab tak aakhri kuchh samay
ji rahe hoge tum.

Sochne majbur kar deta yeh
Thahrav ,
Har sawal ka jawab dega yeh
Thahrav ,

Zindagi jeena sikha deti yeh
Thahrav ,
Naya safar par lekar jayegi yeh
Thahrav .

Mann ki baat

Kush rehta hun main ab,
Jeene laga hun main pure mann se,
Nahi darr abhi kuchh chhutane ka,
Jeeta hun main har ek din apne pure mann se.

Dhoondh raha tha khoi hui apni khushiyon ki chabi ko,
Thi mere pass woh chabi hamesha,
Nahi dekh paya usko kabhi,
Tha hamesha woh udhar hee.

Hasa ta hun main sabko,
Pasand ata hun main sabko,
Sunta hun uska dard,
Bahlataa hun uska mann,

Aati hai jab bari unki,
Chhod jaate hain mujhe akela.

Waqt ki kadar Waqt Ke beet jaane ke bad
Pata chalti hai
Pyar ki kadar Pyar milne ke bad pata chalti
hai...

Har ek din lad raha hun mukaabala khud se,
Pata nahi kyon lad raha hun main khud se,
Kya chahta hun main khud se,
Karta hun har roj yeh sawal khud se.

Zindagi ke har mushkil samay main,
Khud se nikalna, sikh raha hun,
Kya bata kar fayda tumhen,
Jab khush ho jaaoge yeh sunke.

Bhul jaenge tumhen aasani se,
Karenge vada tumse,
Karenge meethi baten tumse,
Waqt aane par bhul jaenge tumhen aasani se.

Kuchh log aate hai tumhare zindagi main,
Kuchh waqt ke liye tumhen sambhalne,
Tumhara tuta hua vishvaas phir se jodne,
Sikha jaate hai tumhen phir se pyar karna,
Sochta hun kya hota agar nahi aate meri
zindagi main.

Tu hai kahan

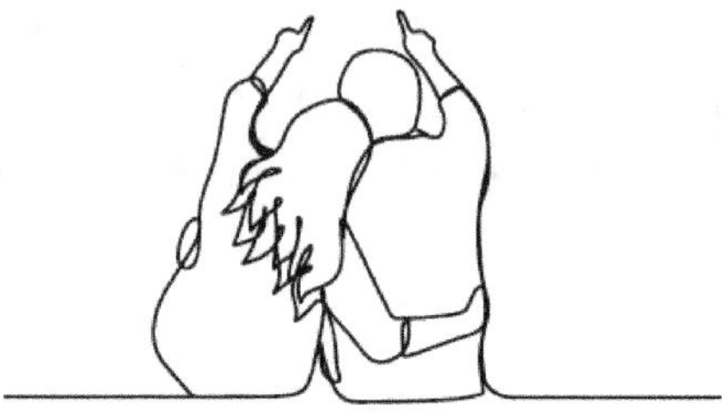

Intezar kar raha hun main tera,
Khoj raha hun main tera chehra,
Ji raha hun main is aas main,
Bus dikh jaaye tere chehra.

Aao to sahi meri zindagi main,
Rahunga main hamesha sath,
Tham lena mere hath,
Rahunga main hamesha tumhare sath.

Nahi dekha hun main tujhe ab tak,
Intezar kar raha hun main chahie jab tak,
Poochh rahe hai sabhi kaun hai woh
Kya batao main unko ki
Khoj raha hun main tumko abhi tak.

Lagao gale jab tujhe har roj
Bahon main jaise har khushiyan,
Kaskar gale milo jab
Lage tu hi bus meri khushiyan.

Jab subah dekhoo main
Tere muskurata chehre ko,
Ho jaega mere dil sukoon se bhara,
Padhoo teri aankhon main har ek baat
Bina bole samjhoo teri har baat.

Dosti chahta hun main tumse,
Chahta hun koi de sukh, dukh main
mera sath,
Sambhalo mujhe agar dagmagaun jao main
kabhi ,
bus sunna chahta hun ek baat tumse,
Nahi chhodkar jaaungi main tumhen.

Aana toh dost Bankar jisse keh sakun baten
khulkar
Rakh dun khuli kitab uske samne
Bus tu rahe meri aankhon ke samne
Pochana aankhon ke aansu apne hathon se
Kehde woh bas karti hun pyar tumse..

Kabhi kabhi ladai apne beech,
Baat karke suljhaenge woh har ek chij,
Kabhi tum manao, kabhi main manaunga
Gale milkar suljhaenge woh har ek chij.

Pata nahi mujhe ho mere naseeb main tum,
Dil dhoondh raha hai tumhen kahan ho tum.

Kashi

Kashi ki galiyan kehti hai kuch baatein,
Har mod per kho jata hun main,
Galiyon se baten karte,
Rahte hain mahadev har mod par,
Sirf chalta hai unka hi naam,
Har kashi ki galiyon main sirf unki hi naam.

Aaya tha kashi main pahli bar
Lag raha tha aa chuka hun main pahle kabhi,
Kashi ki hawa main hai kuchh alag baat
Lag raha tha manzil par pahunch gaya tha
main abhi.

Sawan ka somwar,
Suraj se pahle uth gaya tha main
Mahadev ke darshan karne,
Dil ki dhadkan badh rahi thi sirf use dekhne,
Dil mein bus gaye hain mahadev mere,

Aankh band kar dekh sakta hun main unko
mere samne.

Ganga aarti dekhne gaya tha main
Jaise hawa bhi ruk gayi thi maa ko dekhne,
Charon or maa ki bhakti
Magan ho gaya tha aarti main.

Baitha tha kuchh doston ke sath ganga kinare,
Jab dekhta hun ganga ke pani ko,
Lagta hai jaise mil jaaun main
Use pani main,
Jab baithata hun main ganga ke kinare.

Ganga ke kinare baithe the hum,
Kisse aur baten donon ne kiye ekdam,
Sun rahi thi maa hamari har ek baat,
Thi aakhiri tak hamare sath,
Waqt tha kam lautana tha apne kaam par,
Ganga ke kinare baithe the hum.

Jab tum hansti ho aur waqt ka guzar jana,
Jab tere haste chehre ko dekhun
Aur mera dil doob jana,

Tu baat karti rahe aur main tumhen dekhta
rahun,
Phir se tera muskurana
Aur mera dil doob jana.

Zindagi ka aakhri panna

Jaega ek din chhodkar sab kuchh
Jo bhag raha tha sabke piche,
Kamaya khoob sara tumne,
Chhod deni padegi har woh cheez piche
Nahi le ja payega apne sharir ko bhi,
Mitti se aaya tha,
Mitti main jaega,
Wapas karna padega apne sharir ko bhi.

Jalega sirf tu akela,
Chhod denge tujhe apne akele,
Jisko kahta tha apne tu,
Royenge sirf kuchh der ke liye,
Ruk jaenge aansu kuchh samay main,
Jab dekhenge tujhe jalte.

Soya hai shant se lakdi par,
Jisko aadat thi sone ki mulayam bistar par,
Aag ka ghaav,
Nind uda deti thi teri,
Abh lipata hai aag ki chadar se aur soya hai
shant se.

Kuchh waqt bad bhul jaenge tujhe apne log
Lag jaenge apne kamon main woh log,
Zindagi bhar kar raha tha apne logon ke liye,
Kyon kya hua abh?
Nahi aaenge koi tere sath
Jana padega tujhe akele.

Rahe yeh, mera aakhri safar,
Nahi aana mujhe phir se,
Mujhe bhi apne saath le lo,
Nahi jana mujhe phir se.

Jab mera waqt aayega to
Na rahe koi mann main ichcha,
Na rahe koi shikayat zindagi se,
Chhodo apne sharir ko,
Poori jagrukta se.

Achanak se aaega bulava tujhe,
Hamesha taiyar raho jaane ke liye,
Kitne saal jiya hai, nahi mayne rakhta
Kaise jiye ho, yeh mayne rakhta hai.

Aakhri safar ka aakhri khat
Aakhri baar meri zindagi ka waqt
Taiyari kar raha tha barson se apne aakhiri
Safar ki
Chhodkar sab piche jana hai mujhe apne
Safar par
Nahin aaunga main is bar phir se
Jeene yeh zindagi phir se.

Zindagi ka mera aakhri panna
Tha ek haseen safar mera,

Kabhi khush, kabhi dukh
Par tha haseen safar mera,

Kabhi mushkil, kabhi aasan
Par tha hassen safar mera,

Zindagi ke har mod par tha tu
Mujhe sambhalne
Isliye tha haseen safar mera.....

www.ingramcontent.com/pod-product-compliance
Lightning Source LLC
LaVergne TN
LVHW041230200726
843507LV00013B/2648